수선화 편지

상희구 시집
수선화 편지

시인의 말

이 거울은
보는 사람의 각도에 따라
실물보다 더 크게 보일 수도
작게 보일 수도 있습니다

차례

시인의 말   005

1부 **수선화 편지**

수선화 편지 · 1   013
수선화 편지 · 2   014
수선화 편지 · 3   015
수선화 편지 · 4 ─이슬   016
수선화 편지 · 5 ─물망초   017
수선화 편지 · 6 ─란닝구와 우리 엄마   018
수선화 편지 · 7 ─세상에서 가장 작은 자연   019
수선화 편지 · 8 ─시 한 편 동봉합니다   020
수선화 편지 · 9 ─4월의 노래   021
수선화 편지 · 10 ─올해는 아직 활짝 핀 목련을 보지
　　　　　　　　 못했습니다   023
수선화 편지 · 11 ─시 한 편 동봉합니다   025
수선화 편지 · 12 ─줄탁동시啐啄同時와 섭리   026
수선화 편지 · 13   028
수선화 편지 · 14 ─유레카   030
수선화 편지 · 15 ─시 한 편 동봉합니다   032
수선화 편지 · 16 ─구름과 薔薇   033
수선화 편지 · 17   034
수선화 편지 · 18 ─애기똥풀에는 애기똥 냄새가 없습니다 035

수선화 편지 · 19	─패랭이 한 송이	36
수선화 편지 · 20	─민들레	37
수선화 편지 · 21	─어머니에게 드리는 마지막 편지	38
수선화 편지 · 22	─시 한 편 동봉합니다	40
수선화 편지 · 23	─각자성석刻字城石에 대하여	42
수선화 편지 · 24	─경상도 사투리 '호시뺑뺑이'란 말의 어원에 대하여	44
수선화 편지 · 25	─새끼와 어미	46
수선화 편지 · 26	─'유리창떠들썩팔랑나비'라는 말에 대하여	47
수선화 편지 · 27	─'눈많은그늘나비'에 대하여	49
수선화 편지 · 28	─'거꾸로여덟팔나비'에 대하여	50
수선화 편지 · 29	─'부처사촌나비'에 대하여	51
수선화 편지 · 30		52
수선화 편지 · 31	─메밀꽃 필 무렵	53
수선화 편지 · 32	─시멘트 콘크리트 육교 난간을 비집고 솟아오른 민들레 한 송이	54
수선화 편지 · 33	─밤무대 가수가 이미자보다 노래를 훨씬 더 잘한다는 이야기	55
수선화 편지 · 34	─사도 바울의 사랑歌	57
수선화 편지 · 35	─오랑캐꽃의 유래	59
수선화 편지 · 36	─이런 경우	60
수선화 편지 · 37	─꽃말에 대하여	61

수선화 편지·38 —경칩	63
수선화 편지·39 —시 한 편 동봉합니다	64
수선화 편지·40 —詩	66
수선화 편지·41 —詩的이라는 말에 대하여	67

2부 3초의 명상

게가 옆으로만 기아다니는 것은	71
같은 바다의 식구들이지만	72
악어	73
나비	74
캥거루	75
덧니	76
하마	77
우리에게는 왼손이	78
원숭이	79
갯여울둑에는	80
수학자에게 묻는다	81
억새풀 쓰다듬고 온 바람이	82
편린片鱗	83
산골짝에는 눈이	84
판타지가 있는 수장水葬	85
지붕 위로	86

여명은	87
얼룩말	88
이등변삼각형의 비탈 위에도	89
잠자리	90
아무리 난폭한 문장이라도	91
철도 레일위의 두 바퀴	92
기린	93
새	94
불구대천의 원수같이 지내던	95
코끼리	96
독수리	97
귀	98
엄밀하게 따져서	99
당나귀는 영혼이 작아지면서	100
패랭이	101
바르샤바동맹의 붉은 군대가	102
우물 안 개구리 한 마리가	103
입을 아— 하고 벌린 채	104
모기	105
코스모스	106
탄력 있는 햇살이	107

후기 **타고난 예술가 누에 이야기** 상희구 　　　　109

1부
수선화 편지

수선화 편지 · 1

꽃이 올 때는 더디게 오고
갈 때는 종종걸음으로 달아납니다
사랑도 깜짝 이와 같습니다

수선화 편지·2

오늘은 수선화 한 송이로
안부 편지를 대신합니다
내 글은 아무래도
수선화만큼 맑고 곱지가
않으니까요

수선화 편지 · 3

사랑하는 사람이
머리가 아프다기에
살짝 이마를 짚어 주었습니다
옆에 앉았던 아기가 흉내를 내느라
내 이마를 짚어 주면서
방그레 나를 쳐다보았습니다
그러자 또 그 옆의 우리 집 물컹이가
제 오른쪽 발바닥을 펄썩 방바닥에다
내려놓는 것이었습니다

수선화 편지·4
— 이슬

꼭두새벽 마당에 나갔다가
풀잎에 맺힌
영롱한 이슬 한 방울을 만났지요
이슬은 보석처럼 아주 견고하고
단단했습니다
표면장력이라는 것이
이슬 표면의 언저리를 꽉 죄고
있었기 때문이지요
여럿이 힘을 합쳐
무슨 일을 도모하려고 할 때
이처럼 서로의 양팔을 단단히 움켜 조이면
도모한 일은 절대 허물어지지 않습니다

수선화 편지 · 5
― 물망초

호숫가에 한 아리따운 아가씨가
앉아 있었는데
눈에는 눈물을 잔뜩 머금은 채
언제까지나 하염없었습니다
아무래도 남자 친구와 헤어졌나봅니다
물망초의 꽃말은 '날 잊지 마세요'입니다

수선화 편지·6
— 란닝구와 우리 엄마

어느 날 엄마가 란닝구 한 벌을 사오셨습니다
나는 눈이 번쩍 띄었습니다
이 란닝구, 그냥 목으로 내려서
두 팔만 끼우면 될 것을
엄마는 공연히
무슨 큰 양복 한 벌이라도 사오신 양,
아래를 당겨보기도 하고
어깨 끈을 늘어뜨려보기도 하시면서
"야야 잘 맞구나, 좋제" 하시면서
이런저런 사설을 늘어놓으셨지요
순간 퍼뜩, 나는 오늘도 저녁밥이 없겠구나, 하는
생각이 들었습니다

수선화 편지 · 7
— 세상에서 가장 작은 자연

천연스럽다는 말이 있습니다

생긴 그대로 조금도 거짓이나 꾸밈이 없고

자연스러운 느낌을 말하는 것이지요

여기에 서너 살쯤 먹은 아기들이

아장거리며 놀고 있었습니다

순간 나는 이 아기들이야말로

세상에서 가장 작은 자연이구나

여겼습니다

수선화 편지·8
― 시 한 편 동봉합니다

산격동

풀잎은
새벽 이슬이
무거울까

꽃은
서로의 꽃에게
얼마나 아름다울까

단비의
작은 빗방울에도
땅이 아플까

수선화 편지 · 9
― 4월의 노래

목련꽃 그늘 아래서
베르테르의 편질 읽노라…
로 시작하는 유명한 목월의 이 시는
4월이라는 계절과도 꼭 맞아떨어지고
시가 너무나도 서정적이어서
정감이 뚝뚝 흐르는 것은 물론
이 정감이 옷섶을 흠뻑
적셔드는 듯하기도 합니다

시구詩句 중에서도 압권은

아아 멀리 떠나와
이름 없는 항구에서
배를 타노라

대목입니다

불현듯

지금이라도 벌떡 일어나

낯선 객지로 떠나고 싶은 4월도

이제 느지막입니다

수선화 편지·10
— 올해는 아직 활짝 핀 목련을 보지 못했습니다

이제 4월도 며칠 남지 않았군요
공연히 쓸데없는 일로
허둥거리다가 그랬습니다
거기다 부모님 산소의 산역山役이
겹쳐서 또 그랬습니다
나는 매년 꽃을 볼 때는 특히 관심을 두고
보는 꽃이 있습니다
작년에는 진달래, 금년에는 개나리라면
내년에는 철쭉, 이런 식이지요
어느 한가한 오후,
갑자기 소스라쳐 놀라며 어이쿠나,
여태 활짝 핀 목련을 못 보았구나!
황급히 건너 마을 목련 거목이 있는
새매기골로 달려갔을 때는
이미 마지막 목련 꽃비가 쏟아진지
한참 뒤여서, 목련 꽃 이파리가
발등을 덮고도 남았습니다
나는 탈기를 한 채

터덜터덜 내려오고 있었는데
내년에는 활짝 핀 목련을 꼭 보리라
다짐하였지요
영랑의 '모란이 피기까지는'
한 대목을 되내이면서

수선화 편지 · 11
— 시 한 편 동봉합니다

늦은 봄

늦은 봄비는
못물 가두어놓으라고
빗줄기가 통통하게
살이 올랐고

요게조게 꽃봉오리는
고롱고롱 맺혔는데
새들은 부리로 공구리고
장난치며 물어 나르네

수선화 편지 · 12
— 줄탁동시와 섭리

윗니와 아랫니는
상하가 서로 아귀가 맞아야
음식물을 씹을 때 완전무결합니다
그렇게 하려면
윗니 아랫니가 수년에 걸쳐
한치의 오차도 없이
나중에 서로 맞물릴 수 있게
아주 정밀하게 자라야 합니다

이와 비슷한 흐름에
줄탁동시啐啄同時라는 말이 있습니다

알 속에서 다 자란 병아리가
세상 밖으로 나가려면
먼저 부리로 안쪽 껍질을 쪼아[啄]
탁탁 소리를 내면
밖에서 이때를 기다리고 있던
어미닭은 그 소리를 알아채고

밖에서 알을 쪼아

병아리가 밖으로 나올 수 있도록 도와서

비로소 한 생명의 탄생이 시작되는 것입니다

두 가지의 섭리가 환상에서 판타지로

바뀌었습니다

수선화 편지 · 13

바야흐로 천지에 꽃들이 만화방창입니다

어째서 수선화 옆에는 금잔화가 피었고
그 앞에는 버베나가 피었고
그 뒤에는 시네라리아가
그리고 수선화 뒤뒤 앞에는
팬지가 피었고,
또 그 위에는 디기탈리스가 피었습니까?

또 나무들도 무성합니다
어째서 느릅나무는 서어나무와는
많이 떨어져 있고
낙엽송, 가문비나무, 히말라야시다, 금송,
황금천백나무들은 다닥다닥 붙어 있습니까?

한참 떨어져 노간주나무 한 그루가 홀로
떨어져 있습니다

참 오랜만에 은수원사시나무를 보았습니다

자작나무, 굴피나무, 참개암나무, 호두나무,
사방오리나무들은 너무 무성해서
마구 뒤엉켜 있군요

삼라만상에 존재하는 이러한 배열들은
서로의 존재에 대하여 어떤 의미를 가질까?

수선화 편지 · 14
― 유레카

고대 그리스의 전설적인 수학자 아르키메데스는
시라쿠스 왕의 왕관에 순금이 얼마나 섞여 있는지
확인하라는 임무를 받고는
목욕탕에서 영감을 얻어
왕관에 섞인 순금의 비율을
정확하게 계산할 수 있었습니다

이 순간 아르키메데스는 너무 기쁜 나머지
흥분을 감추지 못하고
"유레카!유레카!"라고 외치며
거리를 달렸다고 합니다.

이후로 유레카라는 짧은 이 한마디는
이 세상 모든 감탄사의 대명사가 되었지요

어느 여늬 대학입시에서
절체절명의 5修 시험을 끝낸
어느 집 딸아이가

마침내 재수 5년 만에 합격통지서를 받고는
눈물로 엄마를 부둥켜 안은 채,
"엄마 나 합격 먹었어"라고 했을 때
이 감격의 소리는
아르키메데스의 "유레카"보다
훨씬 더 묵직하지 않았을까,
나로서는 이렇게도 짐작하여 보았습니다

수선화 편지 · 15
— 시 한 편 동봉합니다

섭리

세상천지가 온통 꽃천지다
저 많은 수만 송이의 꽃들은
어째서 단 한 마디의 말이 없을까?

내가 만약 俗을 벗어난다면
저들의 환호성을 들을 것이다

수선화 편지 · 16
― 구름과 薔薇

펀듯 '구름과 薔薇'라는
말을 만들어보았습니다
만들어 놓고 보니
참 멋있어 보였습니다
초현실 계열, 어느 화가의
그림 제목 같기도 하여
더 멋있는 것 같았습니다
장미를 '薔薇'라는
한문으로 표기하고 보니
더욱 더 어울려 보입니다
나의 의식 속에 또렷이 자리한
수백 가지 '구름과 薔薇'의
이미지 속에서
그중 하나의 이미지와
또 다른 하나의 이미지 사이에
간극間隙을 느꼈다면
그것이 진정한 예술일 터

수선화 편지 · 17

갑자기,
"그 옛날의"
보리밭 둑을 걷고 싶어졌습니다

이건 불가능한 일이지요
이를테면 "추억을 걷고 싶다"는
말일 테니까요

수선화 편지 · 18
— 애기똥풀에는 애기똥 냄새가 없습니다

샛노란 애기똥풀 꽃더미 속에
아이들이 놀고 있었습니다

한 아이가 물었습니다.

"엄마, 애기똥풀인데 왜 애기똥 냄새가 안 나?"

엄마가 대답했습니다.

"그거야, 애기똥풀이란 그냥 꽃이름일 뿐이야,
네 친구 개똥이 있지?
그애한테서 개똥 냄새 나니?"

수선화 편지 · 19
— 패랭이 한 송이

산 모롱이를 오르는데
입술을 앙다문 앵토라진
패랭이 한 송이가
눈에 띄었습니다
한 방울 눈물인양
애잔했습니다

내가 지금까지 본 것 중
작은 것들 중에서
'가장 精巧한'
자연이었습니다

수선화 편지 · 20
— 민들레

가장 보편적이면서
가장 일반적이면서
가장 서민적이면서
촌색씨마냥 수더분한 꽃

봄의 전령사 민들레
4월이면 온 대지에 안온한 샛노랑의
황금색 등을 켜듭니다

민들레는 민주주의의 꽃이 아니라
꽃의 민주주의입니다

수선화 편지·21
― 어머니에게 드리는 마지막 편지

1914년 9월 24일 전선으로 향하는 열차 안에서

어머니, 저는 전쟁에서 돌아갈 수 있으리라고 생각합니다. 아니, 확실히 그렇게 되기를 바라고 있습니다. 그러나 만일에 그렇지 못할 경우를 위해서 지금 이별의 편지를 써두겠습니다.

나의 사랑하는 어머니, 착하신 어머니, 당신의 사랑에 대하여 당신이 저에게 배풀어주신 모든 은혜에 대하여 감사를 드립니다.

그러나 일단 선전이 포고된 바에는 자기 운명을 우리 국민 전체의 운명과 가능한 한 밀접하게 결부시키기 위해서, 나도 국민의 한 사람이라는 자각을 갖는 것이 당연한 일이라고 생각했던 것입니다.

1914년 10월 14일 북 프랑스에서

어머니, 하루하루 그 무엇이, 보다 더 강하게 저를 압박해오고 있습니다.

저는 마음이 거칠어지는 것을 대단히 두려워합니다. 어머니께서 저를 위해 무슨 방탄망같은 것이 있으면 좋겠다고 말씀해주시는 건 매우 고마운 일입니다마는 이상하게도 저는 탄알이 그렇게 두렵다는 생각이 들지는 않습니다. 제가 두려워하는 것은 오직 마음속의 외로움입니다 인간에 대한, 자신에 대한, 인간의 온갖 선에 대한 신뢰감을 잃어버리는 것을 저는 두려워합니다.

— 부르멘펠트

• 우연히 국회도서관에서 〈세계의 명문장 100선〉이라는 책을 접하고 제1차 세계대전의 참상을 그린 글을 만나게 되었는데, 그중에 〈어머니에게 드리는 마지막 편지〉라는 가슴 절절한 편지글 한 사연이 내 가슴을 저미와 여기에 실었다.

수선화 편지 · 22
— 시 한 편 동봉합니다

날씨가 한참 가물더니 갑자기 빗방울이 듣기 시작합니다. 예보에 따르면 비가 꽤 내릴 것 같습니다. 순간 포착을 위하여 얼른 카메라를 뒤지듯이, 비오는 모습을 남기려, 잽싸게 펜을 집어들었습니다.

비오는 모습 관찰

창틀에 턱을 괴고 가만히 비 오는 모습을 바라보다. 쩍쩍 갈라지고 터지고 한 지도 꽤 오래, 참새 한 마리 내려앉아도 먼지가 폴폴 날 정도로 땅바닥이 갈증 들어 훅훅 타들어가는데 갑자기 우루루 꽝꽝 하며 소나기가 듣기 시작한다.

한두 방울씩 빗방울이 떨어진다. 하지만 지표는 여전히 빗방울이 참새 한 마리인양, 빗방울이 떨어질 때마다 먼지만 폴폴 인다. 잉크 먹는 압지 모양 쪽쪽 빨아먹어서 아직은 빗물이 고일 새가 없다. 이윽고 땅바닥이 멍석 크기 만큼 동그마니 마치 묵힌 퇴비 먹인 뒤란 모양으로 거무튀튀해진다. 땅바닥이 얼마만큼 젖는다. 눌린 발자국 따위나 옴폭 패인 곳부터 빗물이 고이기 시작한다. 순식간에 조그만 웅덩이가 하나씩 불어난다. 빗방울 굵어지고 빨라진다. 물이 흥건히 고인다. 빗방울이 고인 물에 튕기면서 여기저기서 빗방울이 옹기종기 튀어오른다. 아! 이 광경. 자잘한 웅덩이들마다 수많은 물방울들이 병아리 떼 뽕뽕뽕 하듯이 톡톡 튕겨올라 맹꽁이 울통 같은 꽈리가 부풀어오르면서 꺼질 듯 방울방울 일어났다간 지워지곤 한다.

비가 차츰 세차지자, 빗줄기가 비탈진 산구릉에 서로 부둥켜 선 전나무처럼 빗금을 죽죽 그어댄다.

웅덩이들이 없어지고 작은 내가 생기고 소용돌이 치는 개울이 되어 흐르다가 마침내는 온통 안개만이 자욱이 모든 것을 감싸 안는다.

수선화 편지·23
— 각자성석에 대하여

각자성석刻字城石이란 말은 성곽을 쌓을 때, 실제 공사를 담당한 담당자의 이름을 해당 성곽의 돌에 새겨두는 것을 말합니다. 이를테면 노동실명제라고나 할까. 나중에 성곽의 축성에 부실공사라도 생기는 경우엔 그 책임 소재를 가리기 위해서라고 합니다. 거기에 새겨진 이름의 주인공들은 대개 공사를 감독하는 벼슬아치들 아니면 직접 노역을 하는 저 아래쪽 기층 서민들, 두 부류인데, 나는 벼슬아치들에 대해서는 별 흥미가 없고, 아무게 아무게 개똥이라든가 붓뜰이 등 하층민의 이름이 등장할 때는 마음이 아픕니다. 모두가 한 가정의 가장이었을 터이고, 한 아녀자의 낭군이자 어느 아기의 에비, 어느 누구의 오라버니들이었을 터인데 어느날 갑자기 영문도 모른 채, 징발되어 끌려왔을 것입니다.

갑자기 엉뚱한 마음이 들었습니다. 위의 아무게 아무게 개똥이라든가, 붓뜰이 등과 같은 위인들의 후손들은 지금쯤 어떻게 되었을까? 살아 있다면 현손자玄

孫子는 되었을 것인데, 서울 어디에 살고 있다면, 거기에 한번 찾아가보고 싶은 것입니다.

수선화 편지 · 24
— 경상도 사투리 '호시뺑빼이'란 말의 어원에 대하여

대개의 경우, 각 지역의 사투리는 표준말에 비하여 어투가 아주 거칠고 투박합니다. 그 이유는 어느 지역 사투리든, 의태擬態나 의성擬聲의 의미가 도드라지기 때문입니다.

'호시뺑빼이'란 말을 아주 쉽게 짧은 글로 표현하면 '아주 편안하고 호사스럽게'라는 뜻을 가집니다.

가령 어느 집안에 잔치가 끝나고 친척들이 이렇게 한자리에 다 모였을 때, 백모님이 갑자기 묻습니다.

"얘들아, 그 작은집에 김 서방, 사업이 먕해가아, 멀찌감치 야반도주했다 카디이 요새는 우째 사능공?"

"아이고 백모님, 그런 말씀 마이소, 김 서방이 사업 망한 그 질로 서울로 가가주고, 서울서 집장사로 해가주고, 돈을 엄청 벌이가아, 요새는 호시뺑빼이로 산답니더."

• '호시뺑빼이'를 쉽게 풀이하면 '아주 평안하고 극히 행복하다'는 뜻이 있다. '호시뺑빼이'에서 '호시'는 호사스럽다는 호사豪奢에서 나온 말이고, '뺑빼이'는 경상도에서는 '뱅뱅 돈다'를 '뺑빼이 돈다'라고 했으니, 옛날에는 부모님, 조부모님, 장인이나 장모님의 칠순이나 팔순 잔치 때가 되면 아침부터 친인척이 모여들기 시작하는데, 초저녁 술판이 끝나고 모두가 거나해지면, 대개, 이 집의 좌장격인 백부님이 분위기를 잡는데,
"야야, 김서방, 오늘이 자네 장인 어른, 팔순 잔칫날 아인가? 장인 어른을 등에 업고 좌중을 한 바퀴 뺑빼이돌아라, 한 바퀴가 아니고 두 바퀴 세 바퀴…."
모두가 박장대소에다 박수갈채를 쏟아내며 좌중을 당일 행사의 클라이맥스에 빠트리는 것이다. 사위의 등에 업혀 다섯 바퀴를 돈 장인 어른이 사위의 등에서 내려, 득의에 차서 일갈한다.
"아이고, 오늘이 내 팔순이라고 사위 덕에 호시뺑빼이했네, 호시뺑빼이도 이런 호시뺑빼이가 없구만…."
호시뺑빼이란 말은 이렇게 해서 나온 말이다.

수선화 편지 · 25
― 새끼와 어미

오늘 어버이날을 맞이하여 새끼와 어미와의 관계를 다시 한 번 생각해봅니다. 새끼와 어미와의 관계는 인류 세상에 존재하는 가장 견고한 기초 질서일 것입니다. 이는 우주에 존재하는 모든 생명체가 '태양'에게 가지는 깊은 신뢰를 능가합니다.

수선화 편지·26
— 유리창떠들썩팔랑나비라는 말에 대하여

그동안 숨어 있던 우리 문학의 찬연한 보물 몇 개가 발견되었습니다. 바로 우리나라의 나비 이름들입니다. 이 나비의 이름들은 너무나 그 표현이 영롱하고 광채가 눈부신 데다 종류도 꽤 많아 여기에 다섯 차례에 나누어 소개할 작정입니다.

1. 유리창떠들썩팔랑나비

도대체 나비가 얼마나 힘이 요란했으면
나비가 날아오를 때,
유리창이 떠들썩했겠습니까?
오래 전 국군의 날 행사에선가
한때 우리나라 공군 전투기의 주력 기종이었던
제트 전투기 펜텀이 행사 축하 비행으로
우리 집 지붕 위를 날을 때
그 굉음이 엄청났는데
정말 우리 집 유리창이 떠들썩했습니다

'유리창떠들썩팔랑나비'라는 이 말,
말과 말 사이에 보폭이 너무 넓어,
세상에 빤히 아는 거짓말도
이런 거짓말은 다시 없을 듯하군요
유머와 페이소스도 이쯤 되면!

- '유리창떠들썩팔랑나비'라는 나비 이름은 불세출의 나비 박사 석주명石宙明이 지었습니다. 석주명은 평양 명문가 출신으로 개성 송도보통학교를 나온 나비 연구가이자, 생물학자, 곤충학자 동물학자, 언어학자(국제어 에스페란토어 교과서를 집필), 박물학자, 유수한 제주도 연구가로서 천재 중의 천재로 여겨지며 저명한 우리나라 복식服飾 연구가인 석주선石宙善은 석주명의 누이동생입니다.

수선화 편지·27
— '눈많은그늘나비'에 대하여

2. 눈많은그늘나비

나비 이름으로 '눈많은그늘나비'라는 이 기막힌 시어詩語를 만나는 순간 소름이 쫙 돋았습니다.

'눈많은'이라는 말에서 눈은 눈[雪]이 아니면 눈[眼]일 터이다. 점점 오리무중이지만 짧디 짧은 이 시 한 편이 구만리의 깊이를 가졌음에랴!

수선화 편지 · 28
— '거꾸로여덟팔나비'에 대하여

3. 거꾸로여덟팔나비(⋋⋌)

여덟 팔 자를 거꾸로 해보았더니
이른 봄날, 나른나른한 아지랑이 속에서
나비가 지금 막 이륙하는 형국이었습니다

그냥 넋나간 절창에 허허 웃습니다

수선화 편지 · 29
— '부처사촌나비'에 대하여

4. 부처사촌나비

스님에게 부처님께서
사촌 형님이 계셨느냐고 물었더니
그냥 나를 째려보았습니다

갈 때까지 가보고, 만날 때까지 만나겠습니다

수선화 편지 · 30

5. 그리고 석주명이 명명한 나비의 종류

  수풀떠들썩팔랑나비, 유리창떠들썩팔랑나비, 노랑나비, 제비나비, 작은홍띠점박이푸른나비, 산네발나비, 어리세줄나비, 왕줄나비, 꼬마흰점팔랑나비, 작은홍띠푸른부전나비, 상제나비, 먼꼬리까마귀부전나비, 눈나비, 검은테떠들썩팔랑나비, 왕자팔랑나비, 각시멧노랑나비, 부처사촌나비, 외눈이지옥사촌나비, 눈많은그늘나비, 중국황새줄나비, 거꾸로여덟팔나비, 애물결나비, 물빛긴꼬리나비

수선화 편지 · 31
― 메밀꽃 필 무렵

길은 지금 긴 산허리에 걸려 있다. 밤중을 지날 무렵인지 죽은 듯이 고요한 속에서 짐승 같은 달의 숨소리가 손에 잡힐 듯이 들리며, 콩 포기와 옥수수 잎새가 한층 달에 푸르게 젖었다. 산허리는 온통 메밀밭이어서 피기 시작한 꽃이 소금을 뿌린 듯이 허붓한 달빛에 숨이 막힐 지경이다.

위의 글은 저 유명한 이효석의 단편 〈메밀꽃 필 무렵〉의 클라이맥스 부분입니다.

여름은 냉면의 계절입니다. 메밀국수로 초여름의 더위를 식히는 것도 계절이 주는 운치입니다. '음식문화'라는 말이 있습니다. 인도 사람들은 음식을 주로 손으로 먹는데, 그것도 음식문화의 한 큰 갈래라고 할 수 있습니다. 이왕에 메밀 이야기가 나왔으니 메밀을 소재로 한 이효석의 〈메밀꽃 필 무렵〉을 찬찬히 음미하면서 메밀국수를 즐긴다면 이 또한 음식문화의 한 단면이 될 듯도 합니다.

수선화 편지 · 32
— 시멘트 콘크리트 육교 난간을 비집고 솟아오른
  민들레 한 송이

무심코 육교 계단을 황급히 오르는데 시멘트 콘크리트 육교 난간 틈새를 비집고 솟아오른 가녀린 민들레꽃 한 송이를 만났습니다. 척박한 환경이라 그런지 피다만 아기 꽃송이는 기진맥진 그대로였습니다. 갑자기 한 생명에 대한 거룩한 외경심을 주체할 수가 없었습니다. 급히 생수병을 꺼내, 한 모금 물을 아기 민들레 조그마한 얼굴에 손바닥으로 살짝 머금어주었습니다.

"잘 커려무나, 아기야."

수선화 편지 · 33
― 밤무대 가수가 이미자보다 노래를 훨씬 더
  잘한다는 이야기

언젠가부터 세간에 이런 이야기가 많이 돌았습니다. 한마디로 밤무대 가수가 이미자보다 노래를 훨씬 더 잘한다는 이야기입니다. 정말 그럴까요? 이 말이 사실이기도 하지만 단연코 말하건데 진실은 아닙니다. 짐작컨대 아마도 가수가 되기를 열망하는 수많은 가수 희망자들이 최종 승부의 세계에서 탈락의 고배를 마시고는 내뱉은 푸념들이 시중으로 흘러든 것이 아닐까 짐작해봅니다. 지금 가요계에서 내로라하는 유명 가수들은 거의가 밤무대 출신 가수들이 많습니다. 밤무대에서 고생하고 계시는 분들은 희망을 가져도 좋을 것 같습니다. 그러나 아직도 수십 년째 기회가 오지 않은 분들은 아직 나한테는 하늘의 뜻이 닿지 않아서 그렇다고 생각할 수밖에 없습니다. 성서에는 '모든 것이 합력合力하여 선을 이룬다'는 아주 훌륭한 글귀가 있습니다. 이 말은 좋은 것과 나쁜 것이 서로 어루러져서 마침내 큰일이 성사된다는 뜻이겠지요. 지금 밤무대에서 겪는 외로움과 궁핍, 좌절 등도 나중의 성공에 좋은 양약이 된다는 말이 됩니다. 그 어떤 경우에도 하늘은 무한정 고생만 하는 사람들을 언제까지나 내팽겨두지 않습니다. 이것이 세상 이치의 천리天理입니다.

수선화 편지·34
— 사도 바울의 사랑歌

…

내가 사람의 방언과 천사의 말을 할지라도 사랑이 없으면 소리 나는 구리와 울리는 꽹과리가 되고 내가 예언하는 능력이 있어 모든 비밀과 모든 지식을 알고 또 산을 옮길 만한 모든 믿음이 있을지라도 사랑이 없으면 내가 아무것도 아니요 내가 내게 있는 모든 것으로 구제하고 또 내 몸을 불사르게 내줄지라도 사랑이 없으면 내게 아무 유익이 없느니라.

…

우리가 지금은 거울로 보는 것같이 희미하나 그때에는 얼굴과 얼굴을 대하여 볼 것이요 지금은 내가 부분적으로 아나 그때에는 주께서 나를 아신 것같이 내가 온전히 알리라 그런즉 믿음, 소망, 사랑, 이 세 가지는 항상 있을 것인데 그중의 제일은 사랑이라.

…

저 유명한 사도 바울의 사랑가는 흔히 '작은 예수'로 일컬어지는 사도 바울이 쓴 글입니다. 때로는 논리적이며 때로는 격정적이며 때로는 사유적이기도 한

이 글은 담대한 '사랑 헌장'이며, '사랑 선언'이기도 합니다. 이 사랑가는 동서고금의 수많은 사람들이 애송하는 만인의 노래입니다.

수선화 편지 · 35
— 오랑캐꽃의 유래

— 긴 세월을 오랑캐와의 싸움에 살았다는 우리의 머언 조상들이 너를 불러 '오랑캐꽃'이라 했으니 어찌 보면 너의 뒷모양이 머리태를 드리인 오랑캐의 뒷머리와도 같은 까닭이라 전한다 —

(이용악 시 〈오랑캐꽃〉 부분)

오랑캐꽃의 원래 이름은 제비꽃, 앉은뱅이꽃으로 체구가 아주 작은 앙증스런 꽃으로 우리와는 아주 가까운 친숙한 꽃입니다.

강남 갔던 제비가 돌아올 무렵에 핀다고 하여 제비꽃이라 하였다지요? 그러나 제비꽃은 뒷모양이 오랑캐의 뒷머리(지금의 변발)과 닮았다는 이유로 오랑캐꽃으로 불리게 되며 천형天刑의 꽃으로 낙인 찍히며 불행한 삶을 이어오고 있습니다. 그러고보니 이제 접두어로 찰거머리처럼 붙어 있는 오랑캐란 흉한 말을 떼어버리고 귀여운 제비꽃으로 매김하는 것이 좋겠습니다.

수선화 편지 · 36
— 이런 경우

나 하늘로 돌아가리라
아름다운 이 세상 소풍 끝내는 날,
가서, 아름다웠더라고 말하리라…

(천상병 시 〈귀천〉 부분)

모두 나이들이 연만해지니 여기저기서 이런저런 부음들이 들려옵니다. 죽음이란 명제는 항상 어둡고 칙칙하고 아득히 멀기만 한 외로운 그런 상대입니다.

천상병 시인은 이승에서의 짧은 인연을 소풍이라는 말로 대신했습니다. 시인은 무겁고 칙칙한 죽음이라는 주제를 소풍이라는 말을 씀으로 해서, 죽음을 아주 가볍게 위로 끌어올려 우리와 아주 가깝고 친숙한 사이로 만들었습니다.

수선화 편지 · 37
— 꽃말에 대하여

꽃말이란 꽃의 생태, 특징, 색깔을 바탕으로 그에 따른 상징적인 의미를 부여하는 일을 말합니다.

예를 들어 할미꽃의 꽃말은 애환, 배신, 슬픈 기억, 공경, 충성 등 여러 가지 의미를 가지고 있습니다. 할미꽃의 꽃말은 아이들의 전래 동화 속의 할미꽃 전설과 깊은 연관이 있습니다.

옛날에 어느 마을에 어느 한 어머니가 딸네집을 찾아 나섰습니다. 제일 먼저 큰 딸네집에 들어갔는데 큰딸은 본체만체하였습니다. 둘째 딸네는 얼굴을 마주하자 그만 외면해버리는 것이었습니다. 셋째도 마찬가지였습니다. 한없이 섭섭하기만 했던 어머니는 언덕 위에 올라 딸네들의 집을 내려다보며 몹시 애달파했지만, 결코 자식들을 미워하지는 않았습니다. 세상의 모든 우리네의 어머니들처럼.

언제까지나 하염없이 자식들의 집 쪽으로만 내려다

보던 어머니는 그만 그 자리에서 숨을 거두고 맙니다.

 지금도 할미꽃의 꽃대가 꾸부정하게 굽은 것은 바로 자식들을 내려다보는 그 모습 그대로이기 때문이라고 합니다.

수선화 편지 · 38
— 경첩

여기서 말하는 경첩은 입춘 우수 다음에 오는 경칩이 아닙니다. 여닫이문의 한쪽은 문틀에 다른 한쪽은 문짝에 고정하여 문짝이나 창문을 달기 위해 쓰는 철물을 말합니다.

우리가 이 무거운 문을 열고 닫을 때, 마치 가벼운 공기를 열고 닫을 때처럼 문이 무겁다는 의식을 전연 느끼지 못하는 것도, 다 이 경첩의 공이 큽니다.

사람의 눈에 띄지 않고 이렇게 숨어서 훌륭한 제 몫의 역할을 하는 것도 얼마나 소중한 일인지 모릅니다. 만약 경첩이 없이, 일일이 사람의 손으로 무거운 문짝을 들어올려 문을 열고 닫는 시늉이라도 하려면 이는 불가능에 가까운 불편과 노역이 따를 것입니다.

이 세상이 이만큼이나마 살 만한 세상으로 굴러가는 것도 이 경첩 같은 사람들이 도처에 있기 때문입니다.

수선화 편지 · 39
— 시 한 편 동봉합니다

곤고했던 한 생애,
마침내 자신의 위대한 소임을 끝내고는
제 모습 닮은
봉긋한 무덤 하나 남기다

(시 〈숟가락〉 전문)

시, 〈숟가락〉 한 편이 탄생하게 된 배경은 이렇습니다. 옛날 서울 삼성동에 도심공항터미널이 있던 시절이었습니다. 하루는 여기에 있는 예식장에서 친구 딸내미의 혼례식이 있어 참석한 적이 있습니다.

예식이 끝나고 피로연 자리에 점심으로 비후스텍이 나왔는데, 내 바로 옆자리에 앉았던 손님이 몹시 바빴는지, 식사가 끝나자 바로 얼른 후식을 달라는 신호로, 스프를 먹던 스푼을 얼른 거꾸로 엎어놓는 것이었습니다. 엎어놓은 스푼을 보자 웨이터가 재깍 그 손님에게 커피를 가져왔습니다. 그 순간에 펀듯 번갯불처럼 스치는 것이 있었는데, 바로 그 거꾸로 엎어놓은 스푼의 봉긋한 것이 흡사 무덤의 봉분처럼 느껴졌던 것입니다.

수선화 편지 · 40
― 詩

요즈음 와서 부쩍 인공지능 AI가 많이 뜨고 있습니다. 흔히들 인공지능 AI가 사람의 지능을 잠식하여 끝내는 기계가 인간을 정복할 날이 멀지 않았다는 염려들을 쏟아내고 있습니다.

그러나 결코 그런 일은 없을 것입니다. 단언하건데 AI로는 결코 온전히 형상화에 성공한 시를 한 편도 쓸 수 없을 것이기 때문입니다.

왜냐하면 AI라는 기계로는 온전히 영혼을 구현할 수가 없기 때문입니다.

수선화 편지 · 41
— 詩的이라는 말에 대하여

　서산에 해가 넘어갈 때나, 일단 마음이 순하게 안온해지거나 청정을 느낄 때, 온 몸이 시적인 분위기에 휩싸일 때가 있습니다. 이런 경우를 행복하다고 해야 할까요?
　전연 아닐 수도 있습니다만 어쨌건 여러분들 모두에게 전적으로 이런 분위기에 휩싸이게 하려면 도리가 없습니다. 하늘에게 이 순간만이라도 여러분 모두를 시인으로 만들어주십사 하고 간청하는 수밖에.

2부
3초의 명상

게가 옆으로만 기어다니는 것은

게가 옆으로만 기어다니는 것은
앞쪽으로 트인 길이 없기 때문이다

같은 바다의 식구들이지만

같은 바다의 식구들이지만
배와는 달리
물고기는 결코 부두에 정박하지 않는다

악어

등을 북북 긁으면
노오란 개나리 빛깔의
아코디언 소리가 날까?

나비

나는 지금 나풀거리는
노랑 우표의 窓을 통해
봄을 찬찬히 들여다보고 있습니다

캥거루

캥거루에게 아기 업는 포대기가
필요할 때는 언제쯤일까?

덧니

늘 고정되어 있는 불규칙

하마

하품으로 풀어내는 비만증

'하마' 하면 하품을 연상하게 된다. 텔레비전 화면이나 '동물의 세계' 같은 다큐멘터리에서는 으레 듬성듬성한 이빨을 드러내며 수면 위로 올라와서는 늘어지게 하품을 하곤 하는 하마의 모습을 보게 되는 것이다. 대개 호흡을 하기 위해 수면 위로 들락거리는 것 같은데, 필자의 견해로는 아마도 자신의 비만증을 털어내기 위한 한 방편이 아닐까? 하는 것이다. 또 어떤 이는 하마가 하품을 할 때, 듬성듬성한 이빨을 자주 드러내게 하는 것이, 임플란트 시술을 권장하는 그쪽 하마 세계 치과의사협회의 농간이 끼어든 것이 아닐까 하고, 삐딱하게 보는 견해도 있다고 한다.

우리에게는 왼손이

우리에게는 왼손이 있다는 것을 잊지 마라

원숭이

항상 약한 2도 알코올 화상火傷의 낯짝을 하고 있다

갯여울둑에는

갯여울둑에는 눈에 안 보이는 미끄럼틀이 있나보다
물새들이 연신 미끄럼틀을 타고 날렵하게 오르내린다

수학자에게 묻는다

수학자에게 물어본다
보통 지하철의 벤치 하나에는
일곱 사람 정도가 모두 앉을 수 있는
정원이라고 한다
그렇다면 한 벤치에서
일곱 사람 모두가 하얀 옷을 입고
나타날 확률은?
또 이 하얀 옷을 입은 사람이 동시에
하품을 터뜨릴 수 있는 확률은 얼마나 될까?

수학자가 명쾌한 답변을
내놓을 수 있을는지 모르겠다
수학자란 친구들은 무조건 공식을 들이대니까
어떤 공식에 대입할 숫자가
'구름 한 조각'이라든가 '바람 한 줌'식이라면,
수학자가 어떻게 대처할까?

억새풀 쓰다듬고 온 바람이

지금 막, 새 한 마리 날아갔다
그 빈 자리를 바람이 채웠다
억새풀 쓰다듬고 온 바람이

편린

어물전이 파장이 되자, 쥐 죽은 듯이 조용해졌다
바닥에는 편린片鱗 부스러기들만 반짝이고

산골짝에는 눈이

　산골짝에 눈이 쌓인다
폭설이다
　寺院은 점점 멀어지고
아, 종소리는 귀먹는다

판타지가 있는 수장 水葬

― 가라앉는 작은 돛배
내 하얀 뼈를 실어 묻는다

지붕 위로

지붕 위로 구멍이 훤히 뚫린 집일망정
잔칫날은 지나가게 마련이다

여명은

— 여명黎明은 새벽의 보석이다

얼룩말

— 슬로비디오의 느린 화면으로 보는
무용수의 춤사위

이등변삼각형의 비탈 위에도

이등변삼각형의 비탈 위에도

비가 내릴까?

잠자리

공중에 가만히 멎은 채
갑사甲紗 날개를 바르르 떨며
에테르 액液을 향한
영원한 향수鄕愁

아무리 난폭한 문장이라도

아무리 난폭한 문장이라도
원고지의 네모칸을
뛰쳐나온 나온 글은 없다

난폭한 문장이
원고지의 네모칸을 뛰쳐나온 적은 없지만
나라를 망하게 한 적은 있다

철도 레일 위의 두 바퀴

가장 가까이 있으면서 영원히 결합하지 않는다

기린

구름 아래를 내려다보는 망향望鄕

고향은 항상 하늘 너머 저 머언 곳에 있다

새

긴 동면冬眠에
얼어붙은 상형문자

숨결을 모아
날기 시작한다

불구대천의 원수같이 지내던

불구대천의 원수같이 지내던
돌고래 두 마리가 외나무다리에서 만났다
둘은 타협이 잘 되었을까?
다만 '풍덩' 하는 물 튕기는 소리만이
이를 증명했을 뿐

코끼리

코 때문에 눈 같은 건 본 기억이 없다

독수리

동물원에
갇혀버린 비상飛翔

귀

어떤 사유思惟에서

떨어져 나온

한 조각 화석化石

엄밀하게 따져서

엄밀하게 따져서
모음과 자음은
모자간이 아니고
형제간이다

당나귀는 영혼이 작아지면서

당나귀는 영혼이 작아지면서
귀가 커졌다

당나귀란 놈,
귀가 작아지면 경망스러움은 덜할 것이다
영혼이 커졌을 테니까

패랭이

눈길 머무는 곳 있어
돌아다보니

눈물 깨물며 앵토라진
패랭이 한 송이

바르샤바동맹의 붉은 군대가

바르샤바동맹의 붉은 군대가 쳐들어온다
수만 송이의 무리진 빨간 줄장미가

잠실 아시아선수촌아파트 담장의
빨간 줄장미는 유명하다

우물안 개구리 한 마리와

우물 안의 개구리 한 마리와
느티나무에 걸터앉은
외눈박이 풍뎅이 한 마리가
서로 마주 올려다보고 내려다보며
우주에 대하여 지껄이고 있었다

　이 하찮은 미물 둘이 나누는 대화가 전혀 시답잖은 것이고 일말의 고려할 가치도 없는 황당무계한 농거리에 불과하다고 할 수 있을까? 결코 그렇지는 않을 것이다. 노자의 말에 '知不知上'이라 하여 '모른다는 것을 아는 것이 최고'라는 말이 있다. '모른다는 것을 아는 것이 최고'라는 말이 노자가 갈파한 불세출의 명언이라면, 우물 안의 개구리는 이미 우물 밖 천리를 내다보며 지껄이는 것이며 외눈박이 풍뎅이는 두눈박이 정상의 풍뎅이보다 더 아득히 멀리 만리 밖을 내다보며 지껄이는 것이 될 터이다.

입을 아– 하고 크게 벌린 채

입을 아– 하고 크게 벌린 채
하품의 시간이 길어질수록
사내는 점점 불안해진다
물론 그 위를 날고 있는
파리란 놈도
형편은 마찬가지일 테지만

파리의 힘이 부치어
양력揚力이라도 떨어지는 날에는
둘이 함께 망하는 길일 터

모기

폐도廢道 한 모퉁이에 버려진

가느다란 철사 다리의

녹슨 기중기

코스모스

어디메서 흘러온 고혼孤魂일꼬
너의 조그만 얼굴에서
여린 눈물 한 방울이
눈[雪]의 결정 모양으로
쪼개졌구나!

탄력 있는 햇살이

탄력 있는 햇살이 환히 내려쬐이는

어느 상큼한 봄날 아침

앙증맞은 고사리손으로

비누 거품 장난을 하고 있던

한 아이가 외친다

"엄마, 손가락으로 지느러미를 만들어봐요"

후기
타고난 예술가 누에 이야기
상희구

누에는 누에나방과에 속하는 누에나방의 유충이다. 하등동물에 속하는 곤충이다 보니, 이목구비가 뚜렷하지 않아 생김새는 초현실적으로 생겼다. 좀 유머러스하게도 보이는데, 징그럽다는 아이도 있으나 귀엽게 생겼다는 아이도 있다.

누에는 성정이 까탈스러워 기르기가 쉽지 않다. 누에는 자신의 거처인 고치를 만들기 위해 고치실을 토해내는데, 이것이 바로 인류가 애용해 마지않는 실크, 곧 비단의 원료가 된다.

누에는 천성이 예술가의 기질을 타고 난 것 같다. 까탈스러운 성정도, 초현실적인 생김새도 그렇다. 약 60시간에 걸쳐 중량 2.5그램, 길이 1,500미터에 이르는 고치실을 뽑는데, 고개를 수시로 상하를 주억거리며 실을 토해내는 과정은 가히 무위無爲에 가깝다.

땅콩 모양의 고치는 가장 작은 체적에 가장 많은 실을 감을 수 있으며, 실이 쉽게 풀어지지 않고 견고하게 감을 수 있도록 만들어졌다고 한다.

이 모든 설계는 이미 만세萬世 전에 하늘의 예지叡智가 작용한 것이 아닐까? 누에의 이런 행동거지야말로 진정 하늘에서 내린 예술이며, 천의무봉天衣無縫, 무위의 예술 활동으로 인간이 배워두어야 할 진정한 예술 행위일 것이다.

 예술이란 억지로 되는 것이 아니다. 예술에 힘이 들어가면 거기서 억지 예술이 나오고, 얼치기 사이비 예술이 기생하기 시작하는 것이다.

 추사秋史가 세상을 떠나기 사흘 전에 봉은사에 남겼다는 '板殿판전'이라는 현판은 그 심성이 다섯 살 먹은 어린아이로 돌아가 쓴 글씨라고 일컬어진다. 예술의 궁극이 바로 이런 것이 아닐까? 오늘도 어제도 누에는 연신 머리를 주억거리며 고치실을 토해내는데, 일정한 계산도 없고 미래의 계획도 없이 그냥 하늘이 시키는 대로 하는 것뿐이다.

 '무위자연無爲自然'이라는 말은 도가道家의 전유물이 아니다. 누에를 닮은 진정한 사람의 예술을 꿈꾸어 본다.

2024년 6월

상희구

수선화 편지

1판 1쇄 발행 | 2024년 6월 25일

지은이 | 상희구
펴낸이 | 권남수

펴낸곳 | 도서출판 오성문화
주소 | 04556 서울 중구 마른내로 6길 38 (충무로 4가)
전화 | (02) 2274-1340
팩스 | (02) 2269-5356
이메일 | balhae7@daum.net
등록 | 1998년 11월 18일 제2-2985

편집디자인 | 홍영사

ⓒ 상희구, 2024
ISBN 978-89-89067-86-3   03810

* 이 책은 저작권법의 보호를 받는 저작물이므로 무단 전제와
  무단 복제를 금합니다.
* 잘못된 책은 구입처에서 바꾸어 드립니다.

* 값 14,000원